BEI GRIN MACHT SICH IHR
WISSEN BEZAHLT

- Wir veröffentlichen Ihre Hausarbeit,
  Bachelor- und Masterarbeit

- Ihr eigenes eBook und Buch -
  weltweit in allen wichtigen Shops

- Verdienen Sie an jedem Verkauf

Jetzt bei www.GRIN.com hochladen
und kostenlos publizieren

Norman Riedel

Eilhart von Oberg: "Tristrant und Isalde" - Ein Datierungsversuch

GRIN Verlag

Bibliografische Information der Deutschen Nationalbibliothek:

Die Deutsche Bibliothek verzeichnet diese Publikation in der Deutschen National-
bibliografie; detaillierte bibliografische Daten sind im Internet über http://dnb.d-
nb.de/ abrufbar.

Impressum:

Copyright © 2008 GRIN Verlag GmbH
Druck und Bindung: Books on Demand GmbH, Norderstedt Germany
ISBN: 978-3-640-31665-6

Dieses Buch bei GRIN:

http://www.grin.com/de/e-book/125600/eilhart-von-oberg-tristrant-und-isalde-ein-
datierungsversuch

GRIN - Your knowledge has value

Der GRIN Verlag publiziert seit 1998 wissenschaftliche Arbeiten von Studenten, Hochschullehrern und anderen Akademikern als eBook und gedrucktes Buch. Die Verlagswebsite www.grin.com ist die ideale Plattform zur Veröffentlichung von Hausarbeiten, Abschlussarbeiten, wissenschaftlichen Aufsätzen, Dissertationen und Fachbüchern.

Besuchen Sie uns im Internet:

http://www.grin.com/

http://www.facebook.com/grincom

http://www.twitter.com/grin_com

Phillips-Universität Marburg
FB 09 Germanistik und Kunstwissenschaft
HS: Höfische Kultur um 1200
WS 08/09

Eilhart von Oberg: „Tristrant und Isalde".

Ein Datierungsversuch.

Inhaltsverzeichnis

1.   Einleitung

Die vorliegende Arbeit beschäftigt sich mit dem höfischen Roman „Tristrant und Isalde", verfasst von Eilhart von Oberg.

Eilharts Werk nimmt unter den Tristandichtungen des Mittelalters eine Schlüsselposition ein. Zum einen hat seine Übertragung die Tristan-Sage als literarischen Stoff in Deutschland eingeführt, zum anderen ist sie die einzige, die die vollständige Fassung des Stoffes bietet. Die Datierung des Werks stellt die Forschung seit jeher vor große Probleme. Aus den verschiedenen Thesen haben sich zwei Datierungsmöglichkeiten ergeben. Eine Früh- um 1170 sowie eine Spätdatierung um 1190.

Im ersten Teil der Arbeit wird ein Überblick über die Ursprünge des Tristanstoffes gegeben und auf die handschriftliche Überlieferung Eilharts „Tristrant" eingegangen.

Danach werden verschiedene Meinungen und Thesen zu beiden Datierungsmöglichkeiten diskutiert und versucht, eine von beiden zu favorisieren.

2. Die Ursprünge des Tristanstoffes

Der Tristanstoff gilt neben Artus und dem Gral als eines der erfolgreichsten Erzählthemen der mittelalterlichen Literatur. Alle Tristan Romane haben ihren Ursprung in ein und demselben, aber nicht überlieferten Werk: dem „Ur-Tristan", die so genannte „Estoire", verfasst in altfranzösischer Sprache. Es ist wahrscheinlich, dass die „Estoire" gegen 1158 am Hofe Alienors von Aquitanien und Heinrichs II. entstanden ist, vielleicht in England, aber in altfranzösischer Sprache, weil man seit der Eroberung Englands durch Wilhelm den Eroberer (1066) am englischen Hof französisch sprach.[1]

Der Autor musste zumindest zweisprachig gewesen sein, weil sich in den uns erhaltenen Werken, Motive und Episoden finden, die man auch in irischen Erzählungen aus dem Mittelalter antrifft.[2] Demzufolge beherrschte der Autor die französische und die keltische Sprache.

Man sieht Drust, den Sohn des piktischen Königs Talorc (2. Hälfte des 8. Jahrhunderts) als Ursprung der Tristanfigur an. In den Chroniken der Pikten erscheinen Drostan und Talorcan, in den kymrischen Triaden Drystan/Trystan, Sohn des Tallwch. Diese Texte bringen mindestens die Namen von Tristan, Marke, Isolt und Artus zusammen.[3]

Auch erkennt man zwei typische keltische Erzählschemata in den Tristan-Geschichten. Die Meerfahrt, auf der der Held (meist unheilbar verwundet) zu einer Insel am Ende der Welt gelangt und dort eine Fee entdeckt, welche ihn heilt, nachdem sie sich ineinander verliebt haben. Die Unvereinbarkeit des Übernatürlichen und Menschlichen führt jedoch zur Trennung und Tragik. Das zweite Erzählschema ist die Flucht eines unverheirateten Paares in den Wald, wo sie außerhalb der Gesellschaft ein bedrohtes Leben führen müssen.[4]

Von der „Estoire" lassen sich zwei altfranzösische und zwei mittelhochdeutsche Versromane ableiten. Zum einen die französischen Romane von Beroul (um 1190) und Thomas d'Angleterre (um 1160 – 1170),

---

[1] Vgl. EILHART VON OBERGE (2004), S. IX. Dort in der Einleitung von D. Buschinger.
[2] Vgl. Ebd., S. IX.
[3] Vgl. JOHNSON, S. 275.
[4] Vgl. Ebd., S. 275.

zum anderen die deutschen, von Eilhart von Oberg[5] und Gottfried von Straßburg (um 1200 – 1210). Obwohl alle vier auf die „Estoire" zurückgehen, ist ihr Verhältnis zu ihr verschieden. Für Beroul und Eilhart war die „Estoire" sehr wahrscheinlich die direkte Quelle, während sich Gottfried an die Version von Thomas hielt, für den die „Estoire" eher Ausgangspunkt als Quelle war.[6] Unter diesen Tristan-Dichtungen des Mittelalters nimmt Eilharts „Tristrant und Isalde" eine Schlüsselstellung ein, weil sein Tristan Roman als einziger vollständig erhalten geblieben ist und er die „Estoire" als Quelle nutzte. Dadurch ist Eilharts Roman der einzige, mit dem man die verlorene altfranzösische Urfassung zurückgewinnen kann. Trotzdem ist Eilharts „Tristrant" nicht nur eine reine Übersetzung, sondern eine Nachdichtung der „Estoire", vergleichbar mit der Version Gottfrieds, die auf der von Thomas fußt.[7]

3.   Handschriftliche Überlieferung des „Tristrant"

Die Überlieferung von Eilharts Roman ist in ursprünglicher Form auf drei Fragmente aus dem 12. und frühen 13. Jahrhundert beschränkt. Es gibt drei Pergamenthandschriften (R, M, St), welche rund 1100 Verse enthalten. Der vollständige Text steht in zwei Papierhandschriften des 15. Jahrhunderts (Dresden [D], datiert 1433 und Heidelberg [H], zwischen 1460 und 1475). In einer Berliner Handschrift [B] von 1461 schließt das letzte Drittel von Eilharts Werk an Gottfrieds „Tristan" an. Außerdem wurden drei Passagen des „Tristrant" ins Tschechische übersetzt (zweite Hälfte des 13. oder erste des 14. Jahrhunderts) und das gesamte Werk Ende des 15. Jahrhunderts in Prosa aufgelöst („Hystori von Trystrant und Ysalden", Wiegendrucke 1484 und 1498). Ein weiteres Fragment einer Pergamenthandschrift (S), das im Benediktinerstift St. Paul in Kärnten entdeckt wurde, gehört in die Zeit um 1300, also in die zeitliche Lücke zwischen den alten Fragmenten und den

---

[5] Die Datierung des „Tristrants" folgt in Punkt 4.
[6] Vgl. JOHNSON, S. 272-279.
[7] Vgl. EILHART VON OBERGE (2004), S. IX. Dort in der Einleitung von D. Buschinger.

Papierhandschriften. Durch die Überlieferung wird von einer geographisch breiten Rezeption ausgegangen.[8]

4. Datierungsversuch

Der Streit der Forschung über die Datierung Eilharts „Tristrant und Isalde" ist so alt wie ihre Kenntnis der Texte. Die herkömmliche Sicht auf die Gattungsentwicklung des höfischen Romans ist an den großen Werken der Blütezeit, also an den Romanen Hartmanns, Wolframs und Gottfrieds ausgerichtet. Die anderen Werke werden an ihnen gemessen und in ein zeitliches Entwicklungsschema geordnet, „wobei sich die gattungsgeschichtliche Einordnung der Werke vorrangig auf Form- und Stilkriterien stützt"[9]. Eilhart von Obergs Tristan Roman wird deshalb zeitlich oft von Gottfrieds „Tristan" abgerückt, noch vor Veldekes „Eneas" und Hartmanns „Erec" in die Zeit um 1170 datiert und als frühhöfisch bezeichnet, „weil der Stoff zwar ‚hochmodern', Eilharts Reimtechnik und Erzählstil jedoch noch ‚primitiv' und ‚rückständig' erscheinen"[10].[11]

Gegen diese zeitliche Einordnung sprechen jedoch der Dichtername und seine urkundliche Bezeugung. Der Dichtername taucht in den Bearbeitungen auf. Er lautet „von Hobergin her Eylhart" bzw. „Eylhart" in der Dresdner Handschrift, „von Oberengen Enthartte" bzw. „Ebhart" in der Berliner Handschrift und „von Baubenberg Segehart" bzw. „Seghart" in der Heidelberger Handschrift. In den jüngeren Prosatexten heißt er „Filhart von Oberet" oder „Dilhart von Oberet". Aus den verschiedenen Formen hat sich der Name „Eilhart von Oberg" bzw. „Oberge" ergeben, weil schon sehr früh ein Eilhart von (H)Oberg(e) aus einem welfischen Ministerialengeschlecht urkundlich nachgewiesen worden ist, mit dem der Dichter identifiziert werden konnte.[12]

---

[8] Vgl. Johnson, S. 274.
[9] Bertelsmeier-Kierst, S. 34.
[10] Ebd., S. 34.
[11] Vgl. Ebd., S. 34.
[12] Vgl. Bumke, S. 108.

Die Familie nannte sich nach dem Ort Oberg, einem Dorf zwanzig Kilometer westlich von Braunschweig, welches in welfischem Besitz war. Sie gehörte im 12. Jahrhundert zur Ministerialität der Bischöfe von Hildesheim bzw. zu den welfischen Ministerialen. Der Name Eilhart von Oberg ist von 1189–1209 in elf Urkunden Heinrichs des Löwen und seiner Söhne bezeugt. Zum ersten Mal erscheint er zusammen mit seinem Vater (Johannes von Oberg) und mehreren Familienangehörigen in einer Urkunde des Bischofs Adelog von Hildesheim aus dem Jahr 1189, in der dieser, der in Oberg von Heinrich dem Löwen errichteten capella die Pfarrechte verleiht. Zwischen 1196 und 1207 kommt Eilhart in zehn Urkunden vor, die von Heinrichs Söhnen, dem Pfalzgrafen Heinrich (4 Urkunden, 1196-1202) und dem späteren Kaiser Otto IV. (6 Urkunden, 1202-1207), ausgestellt worden sind. Die Urkunden betreffen Rechtsvorgänge (6 Urkunden) und stehen im Zusammenhang mit der Paderborner Erbteilung der Welfen im Jahr 1202 (4 Urkunden). Die von Otto IV. ausgestellten Urkunden sind zum größten Teil aus Braunschweig. Ein Eintrag im Güterverzeichnis des Grafen Siegfried II. von Blankenburg, macht es wahrscheinlich, dass Eilhart auch noch nach 1209 am Leben war.[13]

Allerdings gibt es in der Forschung auch kritische Stimmen, die daran zweifeln, dass sich der Name auf den Dichter des 12. Jahrhunderts bezieht. In der jüngeren Bearbeitung steht:

> *von Hôbergin her Eilhart*
> *hât uns diz bûchelîn getichtet.*
> *und uns der mêre berichtet,*
> *wie [der kûne] Tristrant irstarp*
> *und wie he geborn wart*
> *und wie ez umme sîn lîp quam.*
> *nû saget lîchte ein ander man,*
> *ez sî andirs hîr umme komen:*
> *daz habe wir alle wol vornomen,*
> *daz man daz ungelîche saget:*
> *Eilhart des gûten zûg habet,*
> *daz ez recht alsus ergîng. (V. 9446-9457)*[14]

---

[13] Vgl. Bumke, S. 109.
[14] Eilhart Von Oberge (1877), S. 425-426.

Diese Verse wurden wahrscheinlich nicht unverändert aus der Dichtung des 12. Jahrhunderts übernommen. Deshalb hat H. Buschinger die These aufgestellt, dass der Bearbeiter des 13. Jahrhunderts Eilhart von Oberg hieß und das der „Tristrant" des 12. Jahrhunderts ein anonymes Gedicht sei. Sie begründet ihre These damit, dass in der welfischen Ministerialenfamilie auch im späten 13. Jahrhundert der Name Eilhart bezeugt ist und dass der Dichtername Eilhart von Oberg, obwohl der alte „Tristrant" bekannt war, nicht in der höfischen Literatur genannt wird.[15] Für Bumke hingegen spricht die Art der Namensnennung in den zitierten Versen nicht für die Selbstbezeichnung des Bearbeiters. Er geht davon aus, dass der Verfasser Eilhart von Hobergin den Hauptverdienst an dem Werk zuschreiben wollte und begründet weiter: „wenn die Verse von dem Bearbeiter stammen, spricht nichts dagegen, in Eilhart von Hobergin den Dichter der Vorlage, eben des alten ‚Tristrant'-Epos, zu sehen"[16].

Diese Frage lässt sich natürlich nicht eindeutig klären, jedoch sprechen der historisch verifizierte Eilhart von Oberg, sein Bezug zum Welfenhof[17] und die Argumente Bumkes eher dafür, dass er der Dichter des 12. Jahrhunderts war, zumal die Argumente von Buschinger auch nur Vermutungen bleiben.

Geht man von diesen historischen Daten aus, wird die Frühdatierung problematisch. Sie hängt in erster Linie von dem Verhältnis zu Veldekes „Eneit" ab für den die Daten feststehen. Ist der „Tristrant" älter, muss er bereits um 1170 gedichtet worden sein, ist er jünger als die „Eneit", rückt er bis 1190 herab.[18] Je nachdem, welche Datierung zutrifft, hat der „Tristrant" einen hohen oder einen niedrigen literarischen Wert: „1170 wäre Eilharts Werk eine Pionierleistung in der Geschichte des höfischen Romans; 1190 erscheint der Dichter manchen Beurteilern als ein „stümperhafter Schüler" Veldekes"[19]. Die historischen Daten lassen sich also nur mit der Spätdatierung in Einklang bringen. Zwar haben manche Verfechter der Frühdatierung die These aufgestellt, dass der „Tristrant" eine Jugendleistung

---

[15] Vgl. EILHART VON OBERGE (1969), S. XIX. Dort in der Einleitung von H. Bußmann.
[16] BUMKE, S. 109.
[17] Auf den Bezug zum Welfenhof wird im Folgenden näher eingegangen.
[18] Vgl. BUMKE, S. 109.
[19] Ebd., S. 109.

Eilharts gewesen sein könnte, doch lässt die erste Urkunde aus dem Jahr 1189 vermuten, dass Eilhart zu dieser Zeit noch sehr jung war, was es unwahrscheinlich macht, dass er zwanzig Jahre zuvor als Dichter hervorgetreten sein könnte.[20] Die Idee eines älteren Namensvetters, der urkundlich nicht bezeugt ist, ist reine Spekulation und kann durch keine Beweise oder Indizien gestützt werden.

Auch der Bezug des historisch belegten Eilharts zum Welfenhof spricht für eine Spätdatierung. Das literarische Interesse der Welfen und des Herzogs Heinrich dem Löwen ist bestens belegt. Am Welfenhof entstanden beispielsweise das „Rolandslied" und der „Lucidarius".[21] Aufgrund der Thematik dieser beiden Werke, schließt Werner Schröder den Welfenhof als Auftraggeber des „Tristrants", in seinem Beitrag in der Neuauflage des Verfasserlexikons, jedoch aus. Er schreibt dort:

> Nach allem, was wir von den eher geistlich gerichteten literarischen Interessen Heinrichs des Löwen wissen, kommt der herzogliche Hof in Braunschweig als Entstehungsort der ersten dt. Bearbeitung des hochmodernen Stoffes nicht in Betracht.[22]

Dieses Argument hat allerdings nur einen geringen Wert, da nichts darauf schließen lässt, dass Heinrich der Löwe nicht auch an anderen literarischen Themen interessiert war. Auch Johnson kritisiert Schröders Aussage:

> Kein Indiz verrät, was einen potentiellen Auftraggeber n i c h t interessierte. Von dem in Auftrag Gegebenen auf Abneigung zu schließen, ist unzulässig, und selbst die aktivsten Mäzene haben so wenig bestellt, daß die Indizien keinen überzeugenden Einblick in ihre Einstellung gewähren.
> Weder das ‚Rolandslied' noch der ‚Lucidarius' schließt Heinrich den Löwen als Auftraggeber von Eilharts ‚Tristrant' aus.[23]

Wenn man nun trotzdem mit den literarischen Interessen Heinrichs des Löwen argumentieren möchte, so ergeben sich mehrere Anhaltspunkte, durch die man den „Tristrant" weiterhin am Welfenhof lokalisieren kann.

---

[20] Vgl. Bumke, S. 110 u. 350.
[21] Vgl. Mertens, S. 265.
[22] Schröder, S. 411.
[23] Johnson, S. 273.

Mertens unterstellt dem Herzog ein Interesse an religiöser Thematik, der Darstellung politischer und staatsrechtlicher Vorgänge sowie der Schilderung von Kämpfen und Abenteuern.[24] Außerdem sei der „Lucidarius" „ein Zeugnis für das Interesse des alten Herzogs an der Wahrheit des Faktischen im Unterschied zum programmatisch Fiktiven des Artusromans"[25]. Die Liebesthematik des Tristan-Romans passte demnach nicht an den welfischen Hof. Die spezielle Behandlung des Stoffes zeigt jedoch, dass der „Tristrant" trotz allem den welfischen Literaturinteressen entsprach. Geht man wieder von der späten Datierung aus, so hatte Eilhart neben der „Estoire" auch die Versionen von Thomas und Béroul zur Verfügung, was bedeutet, dass sein Auftraggeber zwischen diesen Versionen wählen konnte. Darauf deutet auch die Polemik in den Versen 9452-9457 hin:

> nû saget lîchte ein ander man,
> ez sî andirs hîr umme komen:
> daz habe wir alle wol vornomen,
> daz man daz ungelîche saget:
> Eilhart des gûten zûg habet,
> daz ez recht alsus ergîng. (V. 9452-9457)[26]

In der „Estoire" gilt der Liebestrank, der die Liebenden zum Verrat und zur Sünde verleitet, als Entschuldigung ihres verderblichen Handelns, in Thomas Version nicht. Das Eilhart dem Trank die gleiche Entlastungsfunktion wie in der „Estoire" zuweist zeigt, dass er darum bemüht war, der Erzählung etwas von ihrer Brisanz zu nehmen, was wiederum auf einen von geistlichen und feudalrechtlichen Wertbegriffen geprägten Rezipientenkreis schließen lässt.[27] Aufgrund dieser Tatsache wäre Eilharts Version gut mit den vermeintlichen moralischen Einstellungen und Literaturinteressen Heinrichs des Löwen vereinbar gewesen. Dafür sprechen auch die weiten Episoden über Tristrants Kämpfe und Abenteuer und die politische Problematik von Erbfolge und Vasallentreue, die in den anderen Tristanromanen nicht so weit ausgeführt werden. Eilhart setzt die Liebesthematik als einziger an zweite Stelle: *von*

---

[24] Vgl. MERTENS, S. 265.
[25] Ebd., S. 266.
[26] EILHART VON OBERGE (1877), S. 426.
[27] Vgl. MERTENS, S. 266.

manheit und von minnen (V. 52)[28] und kündigt im Prolog an, dass die Erzählung von vielmehr handelt:

> *wie der hére Tristrant*
> *zu disir werlde êrst bequam,*
> *und sîn ende wedir nam,*
> *und swaz he wundirs î begîng,*
> *und wie hers alles ane vîng*
> *des her in der werlde began,*
> *und wie der listige man*
> *die vrouwin Îsalden irwarp,*
> *und wie sie dorch in irstarp,*
> *her dorch sie und sie dorch in.*
> *nû merkit ebin desin sin.* (V. 36-46)[29]

Die Taten Tristrants werden noch vor der Liebesgeschichte genannt und diese im Prolog auf Gewinnung und Tod verkürzt. Auch ist mit „erwerben" wohl eher der formelle Erwerb durch den Drachenkampf und nicht der Minnetrank gemeint.[30]

Schröder führt noch ein weiteres Argument an, warum der Welfenhof nicht als Auftraggeber in Frage kommt. Er schreibt: „Im östlichen Sachsen könnte der Dichter schwerlich mit der frz. Tristan-Dichtung bekannt geworden sein."[31]

Eine Behauptung, die nicht zutrifft. Die Beschaffung der Vorlage stellte gerade am Welfenhof kein Problem dar. Durch die Heirat Heinrichs des Löwen mit Mathilde von England bestand eine enge kulturelle Verbindung zwischen dem welfischen und dem englischen Hof. Heinrich der Löwe ging 1182 mit mehreren Gefolgsleuten ins Exil und verweilte bis zu seiner Rückkehr 1189, fast ausschließlich, auf französischem Sprachgebiet. Zuerst in der Normandie, danach in England. Geht man davon aus, dass die „Estoire" im anglo-normannischen Herrschaftsbereich entstanden ist (was als sehr wahrscheinlich gilt), war sie gerade für Eilhart, als Dienstmann des

---

[28] Eilhart Von Oberge (1877), S. 29.
[29] Ebd., S. 28.
[30] Vgl. Mertens, S. 266-267.
[31] Schröder, S. 410.

11

welfischen Herzogs, leicht zugänglich. Die benötigten französischen Sprachkenntnisse konnte er sich ebenfalls, durch den Kontakt mit der anglo-normannischen Verwandtschaft des Herzogs, leicht aneignen.[32]

Auch die Tradierung des Textes stützt eine Spätdatierung und den Bezug zum Welfenhof. Zum einen verträgt sich die geographische Lage des welfischen Einflussgebiets gut mit Eilharts Sprache, über die Klein urteilt, dass er sich „ähnlich wie Veldeke in vielem nach der westlichen, rheinfränkisch-hessischen Erscheinungsform der thüringisch-hessischen Literatursprache gerichtet zu haben scheint"[33].

Zum anderen sind die drei ältesten Fragmente des Textes erst aus dem 13. Jahrhundert. Die langanhaltende Tradierung bis ins späte 15. Jahrhundert, lässt auf eine hohe Wirksamkeit des Textes schließen, was zeigt, dass die modernere Version Gottfrieds (wie oft Vermutet) nicht zu einer Verdrängung von Eilharts Roman geführt hat.[34]

Neben den alten Fragmenten zeugen auch die Wienhäuser-Teppiche von einem Rezeptionszentrum im Nordosten, also im Herrschaftsbereich der Welfen. Von dort breitet sich der Text schon früh in den Südosten aus und überschneidet sich im schwäbischen Raum mit der Version von Gottfried (um 1240). Hier vollendet Ulrich von Türheim, im Auftrag des staufischen Reichsschenken Konrad von Winterstetten, die unvollendete Version Gottfrieds, wozu er sich stark auf Eilharts „Tristrant" bezieht. Eilharts Roman dringt also weit nach Süden vor, während für Gottfried (im 13. Jahrhundert) nur eine westdeutsche Überlieferungsschiene (entlang des Rheins) als Bedeutsam angesehen wird.[35]

Dies zeigt, dass sich Gottfrieds „Tristan" im Verbreitungsgebiet von Eilhart nicht durchsetzen konnte und zunächst nur im Südwesten gewirkt hat, was wiederum bedeutet, dass er den älteren „Tristrant" nicht verdrängt hat, sondern dass beide Werke nebeneinander existiert haben.[36]

---

[32] Vgl. Mertens, S. 265.
[33] Klein, S. 80-81.
[34] Vgl. Bertelsmeier-Kierst, S. 35.
[35] Vgl. Ebd., S. 36.
[36] Vgl. Ebd., S. 34-36.

Bertelsmeier-Kierst leitet aus der Tristan-Rezeption folgende Konsequenzen ab:

> Ältere Texte werden nicht einfach ‚literarisch überwunden', wie es das entwicklungsgeschichtliche Modell für die Gattung vorsieht. Dort, wo bereits am Ende des 12. Jahrhunderts eine Stofftradition ausgebildet war, erweist sich diese Tradition als ausgesprochen wirkungsmächtig. Im welfischen Herrschaftsgebiet [...] gehörte Eilharts „Tristrant" bereits zum kulturellen Wissen der Höfe. Man kannte die Geschichte in ihren einzelnen Episoden durch die *estoire*-Version; man war eingestimmt auf die Art und Weise, wie Eilhart sie erzählte.[37]

Diese These unterstützt die Lokalisierung des „Tristrants" am Welfenhof. Gottfrieds Version konnte Eilharts Werk im welfischen Herrschaftsgebiet nicht verdrängen, was dafür spricht, dass der „Tristrant" bereits zum kulturellen Wissen des Hofes gehörte und somit den Welfenhof als möglichen Auftraggeber wahrscheinlich macht.

Abgesehen von der historischen Bezeugung Eilharts und seiner Lokalisierung am Welfenhof, hat vor allem Johnson auch intertextuelle Bezüge angeführt, die für eine Spätdatierung sprechen. Er setzt den „Tristrant" zwischen 1185 und 1195 an und begründet seine Datierung in erster Linie durch die Rezeption von Hartmanns „Erec".[38]
Chrestien schrieb seinen „Cligés" als einen Anti-Tristan, vergleicht im „Erec" Iseut nachteilig mit Enite und spricht nach den beiden Werken nie wieder darüber. Dadurch, dass bei Hartmann Tristan oder Isolt nicht erwähnt werden und er Chrestiens Tristan-Anspielungen komplett unterdrückt, schließt Johnson, dass Hartmanns Publikum mit dem Thema nicht vertraut genug war, um diese Anspielungen zu verstehen. Hingegen dehnt Hartmann Chrestiens Schilderung des kostbaren Sattels mit der abgebildeten Szene aus dem „Roman d'Eneas" auf das Vierfache, weil er anscheinend damit rechnen konnte, dass Vergil oder Veldeke seinem Publikum bekannt war. Aus dieser Tatsache lässt sich folgern, dass Eilharts „Tristrant" unter

---

[37] BERTELSMEIER-KIERST, S. 37.
[38] Vgl. JOHNSON, S. 268 u. 279.

Hartmanns Zuhörern noch nicht bekannt war, wodurch sich Eilharts Werk nach oder frühestens neben dem „Erec" datieren lässt.[39] Für diese Datierung spricht auch, dass in Eilharts „Tristrant" die Rolle des Königs Artus stärker hervorgehoben wird, „als es vermutlich die **Estoire** tat, die in den Artuspartien anscheinend von der Béroul-Fassung wiedergegeben wird"[40]. Eilhart konnte also mit der Beliebtheit des Artusstoffes bei seinen Zuhörern rechnen und voraussetzen, dass Artus und mindestens zwei seiner Ritter (Walwan und Keie) dem Publikum bekannt waren.[41] Dies deutet daraufhin, dass der erste deutsche Artusroman, Hartmanns „Erec", dem „Tristrant" vorrausging.

5. Fazit

Insgesamt lässt sich festhalten, dass die Datierung um 1190 wahrscheinlicher ist als die Frühdatierung. Wenn der Dichter des „Tristrants" identisch mit dem historisch verifizierten Eilhart von Oberg ist, wäre die Datierung so gut wie sicher. Leider lässt sich diese Frage nicht eindeutig klären. Allerdings weist vieles daraufhin, sodass man zumindest von einer hohen Wahrscheinlichkeit ausgehen kann. Auch die Tradierung des Textes und die Sprache in der er verfasst ist, sprechen für den urkundlich belegten Eilhart von Oberg als Autor. Sein Bezug zum Welfenhof sowie das Verhältnis des „Tristrants" zu Veldekes „Eneit" und Hartmanns „Erec" bilden weitere wichtige Anhaltspunkte, die eine späte Einordnung wahrscheinlich machen. Die Argumente für eine frühere Datierung konnten zum größten Teil widerlegt werden, sodass ich den „Tristrant" (genau wie Johnson) nach Hartmanns „Erec" um 1190 datiere. Es bleibt aber eine geringe Ungewissheit.

---

[39] Vgl. JOHNSON, S. 268.
[40] MERTENS, S. 264.
[41] Vgl. JOHNSON, S. 273-274 u. 279.

Literaturverzeichnis

1. Primärliteratur:

VON OBERGE, E.: Eilhart von Oberge. Hg. von F. Lichtenstein. Strassburg
    1877.

VON OBERG, E.: Tristrant. Synoptischer Druck der ergänzten Fragmente mit
    der gesamten Parallelüberlieferung. Hg. von H. Bußmann.
    Tübingen 1969.

VON OBERG, E.: Tristrant und Isalde (nach der Heidelberger Handschrift
    Cod. Pal. Germ. 346). Hg. von D. Buschinger. Berlin 2004.

2. Sekundärliteratur:

BERTELSMEIER-KIERST, C.: Verortung im kulturellen Kontext: Eine andere
    Sicht auf die Literatur um 1200. In: Eine Epoche im Umbruch.
    Volkssprachliche Literalität 1200-1300. Hg. von C.
    Bertelsmeier-Kierst u. Christopher Young. Tübingen 2003. S.
    23-44.

BUMKE, J.: Mäzene im Mittelalter. Die Gönner und Auftraggeber der
    höfischen Literatur in Deutschland 1150-1300. München 1979.

JOHNSON, P.: Geschichte der deutschen Literatur von den Anfängen bis zum
    Beginn der Neuzeit. Bd. II: Vom hohen zum späten Mittelalter.
    Teil 1: Die höfische Literatur der Blütezeit. Hg. von J. Heinzle.
    Tübingen 1999.

KLEIN, T.: Heinrich von Veldeke und die mitteldeutschen Literatursprachen. Untersuchungen zum Veldeke-Problem. In: Amsterdamer Publikationen zur Sprache und Literatur. Bd. 61: Zwei Studien zu Veldeke und zum Strassburger Alexander. Hg. von C. Minis u. A. Quak. Amsterdam 1985. S. 1-121.

MERTENS, V.: Eilhart, der Herzog und der Truchseß: der Tristrant am Welfenhof. In: Tristan et Iseut, mythe européen et mondial. Actes du Colloque des 10, 11 et 12 janvier 1986. Hg. von D. Buschinger. Göppingen 1987. S. 262-281.

SCHRÖDER, W.: Eilhart von Oberg. In: Die deutsche Literatur des Mittelalters. Verfasserlexikon. Bd. 2. Hg. von K. Ruh u.a.. Berlin 1980. S. 410-418.